FELIZ **DIA** NOVO

FELIZ

Irineu Toledo

DIA NOVO

SEXTANTE

revisão: Ana Lúcia Machado e Rafaella Lemos
capa, projeto gráfico e diagramação: Miriam Lerner
imagens de capa: menino com pipa: Cindy Singleton / iStockphoto; árvore: AVTG / iStockphoto; homem: Benjamin Howell / iStockphoto
impressão e acabamento: Geográfica e Editora Ltda.

CIP-BRASIL. CATALOGAÇÃO-NA-FONTE
SINDICATO NACIONAL DOS EDITORES DE LIVROS, RJ

T58f

Toledo, Irineu
Feliz dia novo / Irineu Toledo; Rio de Janeiro: Sextante, 2012.
160p.; il.; 14x21 cm
ISBN 978-85-7542-794-1
1. Conduta. 2. Autorrealização (Psicologia). 3. Motivação (Psicologia). I. Título.

12-2659 CDD: 158.1
CDU: 159.947

Todos os direitos reservados, no Brasil, por
GMT Editores Ltda.
Rua Voluntários da Pátria, 45 – Gr. 1.404 – Botafogo
22270-000 – Rio de Janeiro – RJ
Tel.: (21) 2538-4100 – Fax: (21) 2286-9244
E-mail: atendimento@esextante.com.br
www.sextante.com.br

Ao contrário do hábito da leitura antes de dormir, este livro quer estar na cabeceira da cama para o despertar. Um livro de ideias, virtudes, atitudes e reflexões sobre viver o presente em toda a sua potencialidade, que não se destina a uma leitura sequencial e ininterrupta nem quer ir parar na estante dos livros lidos e esquecidos. Ele é, despretensiosamente, um livro utilitário. Deve ser útil no momento do dia em que você queira olhar para dentro de si e se consultar sobre a motivação autêntica para que o dia que está vivendo seja marcante na sua história.

Que este livro seja companhia constante e esteja à mão para lembrá-lo do que, no fundo, você já sabe.

Que você leia as palavras aqui escritas como uma voz amiga falando aos seus ouvidos, chamando a atenção para a arte de viver um dia de cada vez, intensamente e comprometendo-se com os seus propósitos, construindo uma vida de valor e significado. Que as ideias presentes neste livro facilitem o acesso ao seu conhecimento interior e liberem seu repertório pessoal para a revelação do que há de melhor em você a cada manhã.

Feliz dia novo.

Todos os dias.

Irineu Toledo.

IRINEU TOLEDO

(Filho de dona Eulália e seu João)

Minha gratidão pela maneira sábia com que eles distribuíram sua riqueza entre os sete filhos. Cada um teve a chance de pegar o que quis em vida. Não houve conflito na partilha da herança entre os filhos.

*Honestidade

Suas manhãs terão o significado que você der a elas.
O potencial de felicidade que você pode alcançar
a cada dia está intimamente ligado à sua
DISPOSIÇÃO PARA
VIVER UMA VIDA SIMPLES,
à capacidade de contemplação,
à sensibilidade para perceber que há sempre
algo novo esperando sua atenção
e à motivação para continuar acreditando em
seus próprios sonhos.

Eu estou sempre renascendo.

Cada nova manhã é o momento de recomeçar a viver.

Há 80 anos eu começo meu dia da mesma maneira – e isso não significa uma rotina mecânica, mas algo essencial para a minha felicidade.

Eu acordo, vou para o piano, toco dois prelúdios e uma fuga de Bach. Essas músicas funcionam como uma bênção para minha casa, mas também são uma maneira de retomar contato com o mistério da vida, com o milagre de ser parte da raça humana.

Mesmo fazendo isso há 80 anos, a música que toco nunca é a mesma – ela sempre me ensina algo novo, fantástico, inacreditável...

Pablo Casals, violoncelista

Essas palavras me servem de inspiração há 15 anos, quando entro no ar às seis da manhã, meu horário preferido no rádio, para dar bom-dia a milhares de ouvintes de todo o Brasil.

Amanhecer:
Momento mágico que merece reverência.

A cada manhã, se você acredita que a vida é um milagre, reze. Agradeça. Se tiver disposição física e tempo livre, caminhe, corra. Pode também ficar quieto meditando. Só não deixe de contemplar a vastidão do cenário, esteja onde estiver, em estado de gratidão. Você faz parte de um mundo muito interessante.

Olhe de dentro para fora e de fora para dentro de si mesmo. Deixe o espírito livre para levar os olhos a passear pelos detalhes escondidos nas coisas mais simples e corriqueiras do amanhecer, e aprenda com a dinâmica da natureza...

Celebre e viva o despertar de mais um dia na história da humanidade, na sua história. Não se permita ficar indiferente ao bem mais precioso que você acaba de ganhar: o momento presente.

Cada manhã é uma grande promessa de que tudo pode ser diferente e melhor do que sempre foi, porque você quer que seja melhor.

É preciso acreditar e tornar realidade o que você deseja.

O tempo não espera.

Os ponteiros do relógio avançam solenemente para o futuro imediato, o próximo segundo deste minuto, desta hora, deste dia.

O significado que você dará a este presente-futuro ficará impresso para sempre na sua história, como um extrato bancário, apontando os dividendos dos investimentos em boas ações ou acusando os prejuízos das más escolhas.

Aproveite

Você ganhou mais um dia para viver.

AÇÃO

Em todas as idades e fases da vida vivemos momentos de ansiedade e curiosidade infantil em relação ao mundo ao nosso redor, sempre nos apresentando cenas de encantamento. No dia a dia, no enfrentamento da realidade e de seus conflitos, o brilho e o vigor da criança que vive em cada um sofre diante do espelho, que insiste em apresentar o arquivo de ganhos-perdas, alegrias-tristezas, amores-desamores, acertos-erros, sucessos-fracassos. Lembre-se de que tudo já passou, fracassos e glórias.

Uma descrença – fundamentada na avaliação de alguma experiência não feliz – não tem o direito de paralisar sua criança interior para novas descobertas. Ao mesmo tempo, um sucesso anterior não é garantia de outro sucesso.

Por isso é preciso sempre lembrar que você não está em desvantagem em relação aos outros que estarão em cena no mesmo palco hoje, diante das possibilidades de realização de sonhos. Esteja o mais preparado possível, mas suba no palco sabendo que sempre será uma estreia.

Para encontrar sabedoria e serenidade, tire proveito de todos os sentimentos, emoções e pensamentos. Todo o conjunto de ideias, positivas ou negativas, de sentimentos bons ou ruins, de amor e ódio, crença ou descrença, deve servir para que você elabore melhor seu plano de ação para uma vida plena.

Fique alerta para não ser dominado por pensamentos e sentimentos paralisantes. Lembre-se de que você nasceu para se integrar ao movimento humano de forma positiva e fazer parte da dinâmica da natureza. Somente dessa maneira se revelará seu talento e sua genialidade para a evolução pessoal e sua contribuição para a história da humanidade.

É por meio da ação que se realiza uma existência produtiva, com valor e significado. Pegue este dia para você e se encante como se fosse uma criança explorando todas as possibilidades de um domingo no parque com a família. Faça tudo o que quiser e também tudo o que for necessário. Mas faça bem.

PREvisões Pré-visões

Não importa o seu signo, a posição da lua, do sol, do seu planeta regente no momento do seu nascimento, ou mesmo o que os astros dizem. O dia de hoje tem uma reserva especial com tudo o que você precisa para ser uma pessoa muito melhor. Não importa a cor da sua pele, quantos diplomas tem, quanto dinheiro ou quantas dívidas acumulou. Não importa a sua religião, a sua fé, ou mesmo se é ateu. Este será um grande dia se você quiser. A condição básica é não trabalhar contra as leis da natureza e acreditar em si mesmo. Esteja sempre a seu favor, mas de um jeito que não precise ficar contra ninguém. Há abundância suficiente para você e para os outros.

Viva intensamente

Faça de hoje um marco positivo na sua história.

Com você está o poder de realizar a maioria das coisas com as quais tem sonhado. O tempo está a seu favor, aproveite e coloque todo o seu potencial em movimento.

A cada nova manhã seu coração se enche de esperança e renova seu entusiasmo para a vida, abrindo novas e melhores possibilidades para sua história. Perceba o mundo à sua volta.

Abra bem os olhos, os ouvidos, o coração e a mente para perceber as oportunidades que vão desfilar diante de você. E fique bem atento, porque geralmente as oportunidades andam disfarçadas de problemas.

Sua inteligência, suas virtudes e seus talentos, alinhados a bons propósitos, irão facilitar sua tomada de decisões e levar a escolhas sábias. Cada minuto vivido conscientemente em busca de um sonho, mesmo que pareça impossível, será um exercício para o aprimoramento do seu caráter.

Não desperdice um só segundo do seu presente. Viva tudo o que tem direito e vá fundo em cada emoção.

Hoje será um dia especial na sua vida...
se você quiser.
Mas, principalmente, se você fizer.

Feche os olhos para ver melhor.
Não fuja de si mesmo e atenha-se às cenas importantes dos seus registros pessoais, por mais dolorosas que sejam.

Eleja você mesmo como a grande atração neste dia e dedique-se a olhar para dentro de si.

Reconheça-se.
Há quanto tempo você não se olha, não se cuida, não se estuda?
Com a desculpa da correria do dia a dia, na rotina exigente da vida profissional e da família, com tantas dúvidas e inseguranças produzindo pensamentos perigosos, e tantas responsabilidades que parecem só suas, o seu mundo interior, base de sua integridade, acaba ficando esquecido.

Cuide-se bem.
Você é um ser complexo e sensível, por isso mesmo requer cuidados especiais que ninguém pode lhe oferecer. Só você mesmo pode lamber suas próprias feridas existenciais e se curar dos vícios acumulados que podem comprometer a sua paz interior. Dedique-se a si mesmo e viva a sua história antes de querer viver a história de outra pessoa.

Observe-se com delicadeza e veja se não está transgredindo os cuidados com a casa do seu espírito, esse lugar onde mora o seu caráter, seu passado e onde residirá seu futuro.
Antes de abrir as portas para o mundo, confira suas bases, sua estrutura, sua fé, seus valores e princípios, e preste muita atenção à sua saúde, que é o aspecto em que se manifesta grande parte dos conflitos e contradições armazenados nos porões de sua alma.

Aproveite cada nova manhã, quando tudo começa a clarear, para se encontrar consigo mesmo e arrumar a casa de sua alma nesta hora sagrada do seu dia.

Respeite-se em sua complexidade.
Respeite sentimentos, experiências, histórias e sonhos.

Valorize-se!
Com a força do seu caráter, você ajustará a vida para realizar os seus sonhos e criar a harmonia necessária para ser uma pessoa feliz, em toda a sua plenitude.

Acredite na sua capacidade

e considere todas as possibilidades de realização que estão à sua espera.

Envolva-se integralmente no projeto de construir a vida que você sonha.

Só não fique parado, esperando que as coisas aconteçam sem que você se mova, pois elas não vão acontecer do nada. Dependerá de você.

Se não acertar na primeira, tente pela segunda vez. E quantas vezes mais forem necessárias. Errar é aprender como não agir.

Acertar é saber que você pode ir muito além.

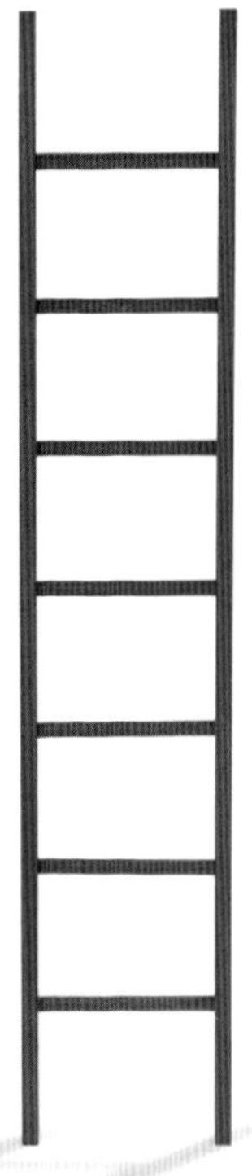

Este é mais um dia para tornar tudo melhor à sua volta. Exerça sua força criadora e transformadora, suas habilidades, seus dons e talentos, com simpatia e simplicidade.

Nenhuma dificuldade poderá abalar ou ameaçar sua integridade. Tenha em mente que sempre encontrará uma sucessão de situações diferentes, às vezes complicadas, esperando por respostas adequadas e sábias de sua parte. E você as encontrará desde que não se intimide e, principalmente, não se distancie do seu centro de valores.

Se uma situação pede paciência, tenha paciência.
Se precisar de tolerância, deixe o coração falar.
Se sentir-se fraco, tenha fé e acredite.
Se precisar de ação, aja determinadamente.
Se tiver que perdoar, perdoe.

Nunca falte com as decisões que só você deve tomar. A ausência, o adiamento e a omissão podem custar mais caro do que uma decisão difícil tomada na hora certa.

E não deixe para amanhã os problemas que podem ter uma solução hoje.

Mente limpa
para escolher uma boa ideia.
Olhos bem abertos
para ver uma boa imagem.
Ouvidos atentos
para ouvir uma boa notícia.
Coração disponível
para sentir uma boa emoção.
Você ouve,
vê, sente,
pensa...
Sonhe,
acredite,
confie.

Você vive mais um dia de experiência humana.

Faça hoje ser o melhor dos dias, pois ele é tudo o que você tem para exercer a vida. Não se intimide diante dos desafios que encontrar pelo caminho.

Há em você uma força criadora e transformadora e, certamente, você saberá agir diante da situação mais difícil e complicada que tiver que enfrentar. Coragem, o tempo está a seu favor.

Quanto tempo falta para terminar este dia?
Esta semana?
Este mês?

Quanto tempo você ainda tem?

Esteja a favor do seu tempo.
Pode parecer trabalhoso e distante conquistar tudo o que você quer e sonha. Mas assim que entrar em ação, o movimento produzirá a energia que facilitará as coisas no seu caminho até que você atinja sua meta.

A luz já está em você. Ação!

SINTO,
logo EXISTO.

SONHO,
logo PLANEJO.

PENSO,
logo ORGANIZO.

AJO,
logo REALIZO.

APROVEITO,
logo SOU FELIZ.

Se você não é feliz, talvez o problema esteja só na sua cabeça. O cérebro não vem com manual de instruções, e cada um deve encontrar o melhor jeito de explorar seus infinitos recursos.

Se você tirar conclusões definitivas – sobre qualquer assunto – a partir de expectativas irreais, pronto: estará instalado o vírus que provocará o caos no sistema, e o ambiente da realidade será ocupado pela ficção nociva, consumindo a sua mente e o seu tempo com inutilidades muitas vezes venenosas. Nesse estágio, o pensamento se perde num mundo de equações impossíveis de calcular, uma dízima periódica que você tenta inutilmente fechar.

O que acaba sobrando para a sua vida é o que chamam de "neurose": pensamentos ruins, repetitivos, que ocupam espaço mental e emocional. Por isso, cuidado com a tendência de transformar a ideia-base da consciência humana no perigoso "penso, logo desisto", ou penso, logo julgo, condeno, e por aí vai.

Já que você tem a capacidade de pensar, pense bem. E para que nada dentro de você sabote seus sonhos, seus planos, suas realizações na busca da felicidade,

sinta, pensando,
pense, sentindo.

INSPIRAÇÃO

Os grandes líderes, gurus e filósofos que conseguiram perpetuar suas ideias e mensagens na história da humanidade, deixando seu legado mais valioso, foram aqueles capazes de falar para além do seu tempo. Nas sugestões e reflexões que apresentaram para a busca da felicidade, eles nos inspiraram a conquistar um modelo de sucesso que pudesse ser permanente. Esse modelo não pode estar preso às circunstâncias pessoais e sociais ou ao contexto político do ambiente. Tampouco se limita ao atendimento das necessidades primárias de consumo da sociedade atual, que confunde sucesso com o acesso a itens de conforto.

O conhecimento transmitido pelos grandes mestres da humanidade é aquele que estabelece um modelo de valor desvinculado das questões circunstanciais. Todos podem beber dessa fonte.

O valor das decisões e das ações de cada um, por mais insignificantes que pareçam, deve estar sempre vinculado a uma causa maior, uma missão.

Assim poderemos ter uma compreensão mais abrangente de nossas dificuldades e limitações, e maior flexibilidade para dignificar as perdas inevitáveis. Ao mesmo tempo, os grandes inspiradores nos fazem entender o sucesso como algo natural, para o qual não existem recompensas ou prêmios, em que todas as experiências são parte de um caminho para o crescimento, para a evolução. Cada um de nós é protagonista neste jogo.

Cada vitória será compartilhada. E cada derrota também. Um dos grandes líderes inspiradores do nosso tempo, Nelson Mandela, saiu da prisão depois de 27 anos pronto para perdoar seus opositores, e não para se vingar. Sua força de caráter é tamanha que consegue conduzir a África do Sul para a conciliação e construção de uma nova sociedade. O Dalai-Lama, outro líder inspirador entre nós, resistente defensor da cultura tibetana praticamente dizimada pela ocupação genocida chinesa, propaga sua mensagem de sabedoria pelo mundo.

Ele nos ensina significados para o sucesso que não estão lastreados simplesmente nas conquistas materiais.

Todos estamos de passagem. É muito bom ter, porém mais importante é ser.

Buscar um significado para a sua vida é mais importante que buscar recompensas por seus acertos. Com essa consciência, suas vitórias ou derrotas farão parte de um mesmo processo e você seguirá serenamente sua trajetória, aprendendo com as alegrias passageiras das vitórias e também com as frustrações momentâneas da derrota.

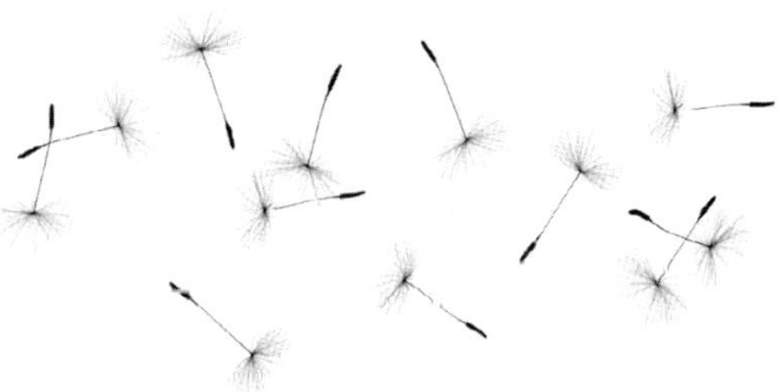

“*O sucesso da nossa vida e do nosso futuro depende da nossa motivação e determinação, ou da confiança em nós mesmos. Por meio de experiências difíceis, a vida às vezes ganha maior significado. Se você observar pessoas que desde o início da vida tiveram tudo, vai perceber como elas perdem a esperança ou se irritam rapidamente quando se deparam com pequenas adversidades. Outras, que passaram por dificuldades, têm uma reação diferente porque desenvolveram atitudes mentais mais fortes.*”

Dalai-Lama

Não reclame

das pedras do caminho.
Obstáculos são importantes.
Sem eles, que sabor teriam as conquistas?
Qual seria a sensação da vitória?
Os desafios e as adversidades produzem a energia necessária para que você consiga realizar seus sonhos.
Oposição ajuda o movimento.
Olhe para a frente mesmo que exista uma parede diante de você.
Para ver além, olhe para o alto.

E siga.

Determine o que vai fazer e o que vai deixar de fazer hoje. Como vai produzir felicidade abundante e sustentável para si e para os outros? O tempo é a estrada da evolução. Apenas um passo em direção a um dos seus objetivos já é um avanço.

O que você vai fazer hoje para melhorar sua vida pessoal, profissional e espiritual? Evoluir é agir de acordo com a sua missão. Evoluir é ter atitudes coerentes com os papéis que você desempenha na vida.

Para evoluir, há que se respeitar e valorizar o tempo, o mais perecível dos produtos, e que não oferece possibilidades de reciclagem. Para evoluir constantemente, consuma o tempo em contatos produtivos, positivos, prazerosos e felizes.

Se tiver que gastar tempo em conflitos, que seja em nome de uma nova ordem de crescimento. Em momentos de dúvida, olhe-se no espelho e pergunte-se: o que estou fazendo? Estou fazendo o que é certo? Estou na direção certa? Estou realmente comprometido em melhorar sempre?

Para evoluir sempre, em todas as fases da vida, alinhe a realidade a seus sonhos, usufrua o tempo como recurso e esteja sempre em movimento...

Sonhos Desejos Metas

Fique alerta para que a busca de um objetivo, a conquista ou realização de um sonho não se transforme em causa de sofrimento. Muitas vezes a busca obstinada pelo sucesso cobra um preço muito alto e produz sofrimentos que não precisariam estar no enredo de nenhum sonho.

Esteja sempre preparado para o fim de uma história. Assim será mais fácil começar outra.

A todo momento precisamos corrigir a rota ou enfrentar problemas imprevistos na estrada. Até o último dia da vida, o roteiro poderá ser mudado e a história planejada poderá ter outro fim.

Cada personagem da sua trama tem vida própria. E, sendo assim, tudo pode mudar.

Sempre.

Qual a sua causa? Que significado tem o que você busca? O que você vai fazer quando conquistar o que quer? Suas realizações servirão a que propósitos? E se as coisas não saírem do jeito que você quer, como vai lidar com isso?

Quando essas situações estão intimamente resolvidas, sua expectativa consciente vai dar a segurança de que a conquista já existe, que é só uma questão de tempo para se consolidar objetivamente. Assim, sucesso e fracasso, mesmo produzindo resultados momentâneos diferentes, terão significados semelhantes. Se o sucesso que você busca não tiver por trás uma causa perene de motivação, se for apenas o sucesso pelo sucesso para consumo externo, cuidado. Sua saúde correrá perigo.

A vida é um constante ganha-perde, em todas as etapas. Quem está preparado acaba ganhando sempre no final, mesmo quando perde. Quem não está preparado fracassa, mesmo quando ganha. Sofre querendo e buscando, e também sofre com o resultado, positivo ou negativo. Compreenda o que você quer e por quê. E tenha sabedoria para conviver com o resultado. Seja ele qual for.

E, se me permite mais um conselho, não seja uma pessoa de um sonho só.

Se você vive em questionamentos confusos sobre a origem do homem e isso abala sua fé, não se desespere por não existir uma resposta concreta. Essa é a mais antiga questão filosófica, presente desde que o homem desenvolveu a capacidade de pensar sobre si mesmo.

Se é difícil entender as teorias sobre "de onde viemos" procure descobrir quem você é e, principalmente, aonde quer chegar. Facilita muito escolher com quem você vai. Defina seus propósitos.

Se tiver que escolher entre eficiência e eficácia, escolha os dois.

Eficácia é saber o que fazer.

Eficiência é fazer bem feito.

Não deixe para amanhã
o que você deveria ter feito ontem.

Não empurre para amanhã aquela situação que já atrapalhou o seu passado, ameaça o seu presente e compromete o seu futuro.

Esteja em dia com sentimentos e relações afetivas, e acerte logo as contas com seus credores emocionais.

Livre-se de todas as dívidas que rondam sua cabeça insistentemente e não liberam seu espírito para coisas novas.

Acerte as contas do passado que ainda podem ser quitadas e invente um presente "pagando à vista", caso contrário não encontrará a paz necessária no futuro que chega todo dia.

Se existem problemas, resolva-os.

Se a solução parece não estar ao seu alcance, encare o problema com coragem, e a solução aparecerá. Se não consegue resolvê-lo sozinho, peça ajuda. Você é o responsável por criar um ambiente para que coisas boas predominem em sua vida. Faça com que hoje seja um dia positivo e produtivo para sua realização pessoal plena.

Pare de adiar o que só você pode resolver e não fique esperando que os outros tomem as iniciativas que devem ser suas. Busque acordos ou aceite propostas nesse sentido.

Não permita que o orgulho e a arrogância obstruam o caminho de um entendimento. Fazer o que é certo e justo produz uma potente energia que contagia e dá significado à vida.

Você está sempre no degrau da escada que alguém preparou para você. Ninguém começa do zero.

Isaac Newton revolucionou a ciência e ofereceu as bases para um novo entendimento sobre nós e sobre o mundo à nossa volta. Ele disse: "Se enxerguei mais longe é porque me apoiei nos ombros de gigantes."

Por isso, deixe também seus ombros livres para servir de base para quem for continuar a sua obra. A humanidade vem se recriando a cada dia. Cada um de nós pode e deve contribuir para essa história positivamente. O mundo tem jeito e será muito melhor se receber a sua contribuição honesta.

Não importa o lugar que você ocupa na pirâmide social, sua profissão, idade, raça, sexo; se tem muito dinheiro no banco ou se deve ao banco. Todo dia, a cada amanhecer, você pode decidir participar da história entrando no fluxo da humanidade como um agente do bem.

Cada momento é uma oportunidade de se reinventar e recomeçar a construção do novo mundo.

Todo dia é dia de refazer as coisas de um jeito melhor. Aproveite os recursos da natureza e a herança de conhecimentos que a humanidade deixou para você, multiplique esse bem e ofereça-o sem restrições a quem virá depois.

Mudanças

Mudanças envolvem muito mais do que uma decisão pura e simples de mudar. Quando você faz um movimento radical em outra direção na sua vida, todo o histórico emocional e afetivo vivido até aquele momento exige consideração. Somos apegados, às vezes, até ao que não nos faz bem. Temos sempre um ideal projetado para cada situação e acreditamos que um dia tudo será como sonhamos, sem precisarmos correr risco algum. Tememos sair da zona de conforto mesmo quando ela sinaliza que não há nenhuma segurança. Como todas as pessoas adultas e donas de seus narizes, passamos por algumas mudanças ao longo dos anos. Algumas são sofridas, mas necessárias. Outras são inevitáveis. Na vida prática, decisões e mudanças são calculadas com a lógica da razão. Nem por isso são mais fáceis. Na trajetória de cada um haverá sempre mudanças, perdas e ganhos, o que nem sempre temos claro enquanto estamos no olho do furacão. Mudanças são inevitáveis. Elas ocorrem com ou sem a sua participação, inclusive no ambiente afetivo e emocional. Se você aceita a mudança, sua atitude muda e o cenário, também. Temos que entender que sempre se perde alguma coisa pelo caminho. Quem vive intensamente seu momento e compartilha de maneira honesta e verdadeira suas relações deixa alguma coisa para trás e também carrega outras consigo. Quando curvamos o corpo para pegar a mala é que sentimos o peso da história que carregamos. Não falo de uma partida sofrida. Ao contrário, falo do repertório bom que se pode levar em uma mudança e que vai estar agregado à história que virá. Pessoas, ideias, acenos, abraços, beijos, mãos apertadas, assuntos não concluídos, emoções não exploradas vão ter agora de se encaixar em outra rotina. E que nossos corações e mentes registrem a sensação, invisível e indizível, dos bons momentos vividos como inspiração e alicerce para uma nova história.

Felicidade não é fazer tudo o que se quer, mas querer tudo o que se faz.

Ao começar cada dia, o primeiro passo em direção aos seus objetivos é o impulso mais importante para impor a energia necessária para chegar aonde você quer. Mas o que vai determinar suas conquistas serão os outros passos, os passos da perseverança. A sua agenda profissional certamente prevê muitos compromissos e desafios. Cumpra-os bem e como planejou.

Mas, cuidado. Não deixe que o seu trabalho absorva todo o seu tempo. Devem existir outras coisas importantes além do trabalho para dar sentido ao seu dia. O amanhecer é o melhor momento para você estabelecer um plano de felicidade a ser cumprido antes de voltar para a cama. Organize seu tempo sem esquecer do principal.

Você está onde quer estar, com quem quer estar, fazendo o que quer fazer e querendo o que tem?

OBJETIVO MISSÃO

Um objetivo pode ser determinado agora, caso você não tenha nenhum. Mas um único objetivo não pode resumir sua missão.

Missão é algo mais importante do que uma simples conquista.

Não basta o sucesso profissional quando sua recompensa é somente financeira. As pessoas foram feitas para amar e ser amadas, isso o dinheiro não compra. As pessoas precisam de amizades verdadeiras, o que nunca se encontra à venda.

Saúde é fundamental. É sofrido e caro curar uma doença, enquanto preservar a saúde não custa quase nada.

As pessoas buscam uma relação com o sagrado, contato essencial para encontrar paz, equilíbrio e serenidade.

Para alcançar tudo o que há de melhor só existe um modelo de atuação com resultados comprovados: força de caráter e valores éticos. Sendo assim, todas as suas ações produzirão riquezas perenes. Por meio desses valores você organiza o "como" ideal para todos os seus objetivos. E sem conflitos.

A vida continua oferecendo a você, a cada amanhecer, uma nova chance. Comemore, ao despertar de cada dia, as possibilidades positivas que se abrem para a sua história. Emocione-se com esta nova chance de viver. Não há presente que se compare ao valor deste dia. Por isso, se é para viver, viva tudo intensamente.

Você tem direito a tudo, mas, ainda assim, terá o dever de se manter em pé por sua própria vontade. Embora nem tudo o que se vive sejam escolhas conscientes, cada um pode fazer todas as mudanças que achar necessárias para que a sua vontade impere. Só não esqueça que as escolhas implicam responsabilidades. Escolhas e responsabilidades andam sempre juntas e devem ter o mesmo dono. Não vale colocar nos outros a culpa por suas decisões erradas. Estamos combinados assim?

Você terá sabedoria para suportar o que ainda não dá para eliminar de sua vida e entenderá quando chegar o momento de dizer "não". Cada "não" que você disser para as pressões e imposições externas significará um "sim" para si mesmo. Você tem este dia para fazer acontecer, para tomar as atitudes mais acertadas e fazer boas escolhas.

Você tem um imenso cenário à sua frente para ocupar com seu talento.

Fique atento, pois tudo está mudando, seguindo um roteiro próprio, como todas as coisas vivas que se renovam a cada segundo na encenação da realidade.

O grande Criador do espetáculo ofereceu a você a liberdade para desenvolver o seu próprio roteiro. Mas Ele está filmando e, ao mesmo tempo, está lançando uma luz especial sobre você.

Se não for rápido na marcação dos seus passos, a dança vai se desenvolver sem você. Os dançarinos que vão atuar com você já estão prontos esperando a música tocar.

Você está pronto? Ou vai fazer tudo de improviso?

O improviso pode até funcionar algumas vezes. Mas se você quer o máximo da vida, esteja preparado para todas as cenas imagináveis. Saiba exatamente o que fazer quando a cortina se abrir...

Agradeça pelo dia que você ganhou e viva-o de maneira que tenha algo especial a registrar quando ele terminar.

A vida não pode ser banalizada, pois é o que existe de mais fantástico.

Você ouve, sonha, sente, pensa. Você acredita. Você é.

Se errar, continue até acertar. Cada erro também valerá para o seu aprimoramento. Mas o seu destino é acertar.

Quando uma jornada termina, há sempre um novo caminho para começar. Não existe o fim.

Não desista se algumas vezes seus esforços parecerem inúteis. Quando se refizer do cansaço, organize suas forças, seu coração, sua mente, e continue.

Não deixe que este seja simplesmente um dia a mais na sua vida. Faça com que seja um grande dia.

Coragem. Enquanto estiver vivo, o tempo estará a seu favor.

Sempre é tempo de começar.

Felicidade não cai do céu. Felicidade se conquista!

Para atrair a felicidade, produza felicidade para os outros.

Além de tudo o que você faz todos os dias, o que você pode realizar de especial para marcar este dia positivamente?

Faça uma lista do que acredita ser mais importante e mais urgente. É essencial ouvir sua voz interior. Depois estabeleça as prioridades e comece a trabalhar.

Se você não der valor a este dia, correrá o risco de perder todas as possibilidades que ele oferece para a realização do que você deseja.

Não precisa correr. O importante é saber para onde vai e o que pretende fazer. Cuidado com os milhares de coisas inúteis disfarçadas de importantes que aparecem a cada segundo para tirar a sua concentração, o seu foco.

Simplifique as centenas de problemas que você tem acumulado e que absorvem seu tempo confundindo seus pensamentos e congelando suas ações.

Primeiro pense, medite, ache a sua paz, reforce suas convicções, defina o que fazer primeiro e por onde começar.

Lembre-se de fazer uma coisa de cada vez, mas determinadamente.

NÃO PARE! NÃO PARE!

Quando começar alguma coisa, continue e vá até o fim. Quando você termina aquilo que começou, libera energia para novas ideias e fortalece sua autoconfiança. Realizar completamente um projeto ou tarefa abre ainda mais as perspectivas para outros sonhos. Só não vá até o fim se perceber que está no caminho errado. Ainda assim não desista. Simplesmente corrija o rumo, acerte a direção e continue. Sempre!

Neste novo dia você tem a possibilidade de criar as condições para a realização de tudo o que quer e precisa. Você vai conseguir, mas dependerá mais de você do que dos astros.

Uma parte importante do todo será conquistada hoje, assim que você formar uma convicção firme em relação ao que quer. Outra parte virá da ação inteligente e planejada nessa direção.

Coloque seu plano em movimento, e encontrará aliados e colaboradores. Assim poderá acelerar o processo de conquista.

Se você tem muitos quereres, tenha consciência de que terá muitos "fazeres". Envolva-se de verdade com o "fazer".

O seu entusiasmo será o catalisador de uma energia poderosa para enfrentar qualquer desafio que aparecer.

Vai fazer alguma coisa?

Faça direito.

Vai se comunicar?

Fale honestamente.

Use o seu coração para orientar todas as suas ações. Só assim você dará sentido e propósito para a sua vida.

Você pode organizar o seu dia e programar coisas agradáveis, incluindo somente o que lhe traz felicidade. Você pode organizar as coisas que tem para fazer e também se livrar daquelas encrencas que vem adiando de um dia para o outro.

Ao se livrar de problemas antigos, você fica leve e livre para curtir as novidades e aproveitar as oportunidades que surgem a todo instante.

Seja um ser humano melhor!

Esteja comprometido com o seu aprimoramento pessoal. Um ser humano melhor se revela em todos os papéis que desempenha na vida: é melhor profissional,

melhor pai,
melhor mãe,
melhor amigo,
melhor filho,
melhor cidadão,
melhor namorada,
melhor namorado,
melhor marido,
melhor esposa.

Ser melhor a cada dia! Tenha esse compromisso com você.

Estude, ouça, fale, leia, observe, entenda, compreenda, medite. Use todo o conhecimento e a sabedoria disponíveis à sua volta e se conecte ao que há de melhor na sua natureza.

Percebe que há pessoas com pontos de vista diferentes do seu que alcançam um nível de visão e consciência da realidade também diferentes do seu. Tente enxergar com os olhos delas para entendê-las.

O que uma criança vê é diferente do que um velho vê.

Os dois são fontes de grande sabedoria. A criança inventa um novo mundo, enquanto o velho interpreta o mundo que já está aí.

O mendigo pode ensinar a riqueza do *não ter*.
O milionário pode ensinar a pobreza do *ter*.
O religioso pode ensinar a religar nosso *ser* ao divino.
O filósofo nos ensina a descobrir quem somos a partir do que pensamos.
O guerreiro nos ensina a enfrentar nossos medos.
O professor nos ensina a encontrar nossos talentos.
A gestante nos revela o milagre da vida.
A fúria de ventos, terremotos, vulcões e tsunamis ensina que tudo está em movimento.
Em cada ser humano ou manifestação da natureza temos a oportunidade de estabelecer contato com um conhecimento libertador que poderá nos tornar pessoas melhores.

Em cada experiência de prazer ou de dor entramos em contato com nossos limites de alegria ou de tristeza.

Alcançamos a felicidade ou o sofrimento. E, de um jeito ou de outro, manifestando o riso ou as lágrimas, toda experiência é sempre enriquecedora para o nosso aprimoramento.

Aprende-se ensinando. Ensina-se aprendendo.

Você pode viver essa troca a todo momento, em todas as relações.

Não aceite ser menos do que você pode ser.

Controle sentimentos e emoções ruins e *deixe o amor fora de controle* para que coisas mágicas aconteçam em sua vida...

Que exista clareza em cada pensamento, palavra e movimento, e que a sua consciência esteja limpa em todos os papéis que você desempenha dentro da estrutura afetiva, familiar, profissional e social.

Elabore e planeje sua vida de forma que cada um dos seus papéis seja fundamentado em valores autênticos, vividos com verdade, honestidade, lealdade, generosidade, tolerância, amor e boa vontade.

Com esse pacote de virtudes e valores você criará relações positivas para a sua vida, em todos os ambientes por onde passar.

Às vezes uma coisa aparentemente tola faz o tempo mudar, o mar virar, e então grandes relações naufragam em meio às dificuldades. Quando cada um rema para uma direção oposta, o barco fica rodando e não sai do lugar.

Se um dos lados não tomar a decisão de tirar o remo da água e harmonizar os movimentos, uma onda mais forte pode virar o barco e ninguém se salvará. Um mal-entendido, uma palavra errada, uma situação crítica, um dia estressante podem levar ao descontrole; é quando valores e bons sentimentos são trocados por ofensas e agressões. Cuide bem dos seus pensamentos. Procure manter-se sempre em estado de plena consciência para não ferir ninguém e também não se ferir.

Quando algo desagradável acontecer, quando sentir o vento do caos se aproximando, ou se sua mente for dominada por pensamentos negativos e confusos, ficando em estado de tensão, pare tudo.

Mude a direçao do seu olhar.
Olhe para cima.
Olhe para dentro.
Respire fundo e lentamente.
Experimente uma pausa.

Um minuto apenas de reflexão pode conter a fúria de uma mente perturbada e disposta a uma ação perigosa. Um minuto apenas pode ser suficiente para criar uma ponte para a travessia de um conflito. Há sempre um novo jeito de pensar uma melhor solução. Seja qual for a dificuldade, dê espaço para uma nova interpretação, que a solução aparecerá.

Quando amar, simplesmente ame,
despreocupadamente.

Se sentir que o choro vai aliviar, chore.

No momento de reagir,
levante-se decididamente e reaja.
Entregue-se inteiro na hora de se doar.

Peça humildemente
quando for necessário pedir.

chore

Resista
quando todos desistirem.

Acredite,
ainda que esteja esgotado.

Confie
mesmo sem motivos para esperar.

E continue enquanto existir ar para
respirar...

resista

reaja

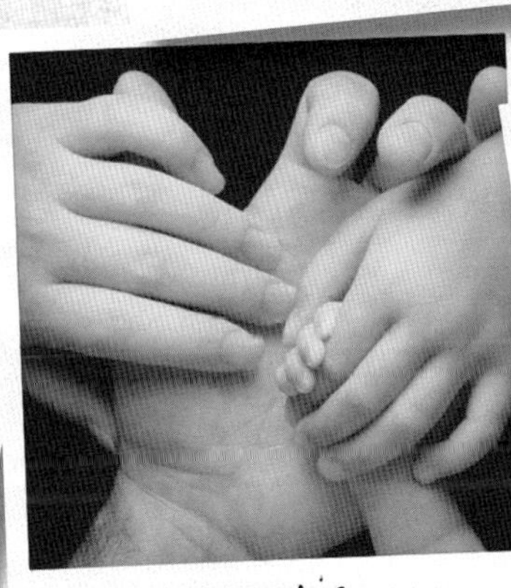

confie

ame

peça

acredite

Eu te amo.

Você é importante para mim.

Por favor.

Com licença.

Muito obrigado.

Sinto muito.

Me perdoe.

Bom trabalho.

Parabéns.

Quando crianças, nossas mães nos ensinaram algumas palavras e pequenas frases "mágicas", diziam elas. Essas palavrinhas eram a senha para facilitar as coisas, agradecer ou demonstrar arrependimento por alguma situação desagradável provocada por nós. Eram, enfim, um curso básico de civilidade.

Quantas vezes as mães têm que repetir para as crianças "cadê a palavra mágica antes do pedido?"; ou "como é que se fala agora?" para conscientizar a criança a dizer "obrigado"? Sem a "palavra mágica", nada feito, a criança não está liberada para sair.

Ansiosas e afoitas na urgência de suas vontades, as crianças só veem a si mesmas e, por isso, precisam a todo momento ser lembradas de que existem também "os outros".

Assim, as mães preparam os filhos para um mundo de respeito, gratidão, compaixão, reconhecimento e percepção do valor das outras pessoas.

Adultos, encontramos outras exigências do mundo exterior e também desenvolvemos necessários códigos de civilidade. O esquecimento das palavras mágicas ensinadas por nossas mães, naquele curso básico de respeito pelo outro, acaba revelando adultos estúpidos que, não raro, encontram dificuldades por isso.

Diante da complexidade das relações, do ambiente competitivo e nervoso das organizações, das tensões do dia a dia nas metrópoles de trânsito caótico, de exigências pessoais cada vez maiores solapando nossa tranquilidade, de um mundo apressadamente hostil, precisamos buscar palavras poderosas para lubrificar as conexões humanas com a gentileza.

Palavras mágicas são aquelas que estabelecem delicadamente um contato íntimo com sua índole para que você não esqueça quem é e, ao mesmo tempo, reconheça no outro um espelho seu.

Uma palavra de reconhecimento, aceitação, validação ou solidariedade muitas vezes é a chave para a manifestação de sua natureza divina, de sua força de caráter, de sua paz interior e, principalmente, é uma grande inspiração para os seus movimentos pela vida.

Identifique e cultive palavras gentis e positivas, fazendo da sua comunicação com o mundo um manifesto pela cultura da paz...

Você ganhou este dia para ser melhor do que sempre foi.

Hoje você é mais do que ontem.

O tempo sempre está a seu favor, exceto o tempo que passou em branco.

Sobre o passado não há mais o que fazer. A menos que você tenha sacado antecipadamente algo do futuro que esteja vencendo agora. Nesse caso, o dia de hoje serve para quitar suas prestações em atraso. O tempo de hoje serve também para honrar os compromissos assumidos ontem.

Antes de mais nada, pague suas dívidas com o passado e leve para amanhã somente seus sonhos e sua capacidade de lutar por eles.

Viva o

presente!

Nada permanece o tempo todo. Tudo passa. Tudo vai passar.

Quem não vive as mudanças não vive.

O tempo de hoje é tudo o que você tem para agir. Mas lembre-se de que o tempo é o produto mais perecível que existe. Faça parte dele.

Para perpetuar o tempo presente, dê um significado às suas ações e leve o dia de hoje para o futuro, nem que seja só na memória.

O tempo futuro já existe na imaginação e, graças a isso, podemos ter sonhos e alimentar esperanças.

O futuro é o tempo que ainda pode ser inventado e colocado a serviço dos seus planos.

Brinque de inventar o futuro.

Assim fizeram os grandes gênios da humanidade.

Anteciparam as mudanças, inventando o futuro antes que ele chegasse.

Você é o dono da história do seu tempo.

Consuma o tempo presente inventando o que você vai fazer, quem você vai ser, onde vai estar.

Assim, quando o futuro chegar, ele já será um velho conhecido.

Citações

Mesmo com a capacidade criativa que acreditamos possuir, estamos sempre, consciente ou inconscientemente, repetindo o que outras pessoas já disseram para expor nossas ideias sobre a vida. Afinal, todo o conhecimento que temos acumulado foi herdado do primeiro homem que teve consciência de sua capacidade de pensar e do que essa descoberta provocou em todos os que vieram depois.

Aqueles que começaram a refletir sobre o universo que os envolvia, o mundo à sua volta, as forças da natureza, as emoções, a própria capacidade, enfim, sobre o que fez o homem se distanciar das outras espécies animais, estabeleceram uma nova ordem no planeta.

Seguem algumas reflexões sobre a vida que, acima das circunstâncias de cada geração, ainda inquietam e despertam o ser humano do século XXI – ainda que tenhamos a riqueza da linguagem desenvolvida – da mesma maneira que talvez tenham inquietado nossos ancestrais.

A VERDADE SOBRE A VERDADE

A verdade é aquilo que toda pessoa precisa para viver e que não pode obter nem adquirir dos outros. Toda pessoa deve produzi-la sempre de novo, do seu próprio íntimo, porque sem verdade ela se arruína. A verdade talvez seja a própria vida.

Atribuído a Franz Kafka – autor de *A metamorfose* e *O processo*

A

a.mar, *vtd + vpr*

1. Significa amar o que é difícil de ser amado, do contrário não será virtude alguma.

F

fé, *sf*

1. Significa crer no inacreditável, do contrário não será virtude alguma.

P

per.do.ar, *vtd + vti + vi*

1. Significa perdoar o imperdoável, do contrário não será virtude alguma.

E

es.pe.rar, *vtd + vti + vi*

1. Significa esperar quando já não há esperança, do contrário não será virtude alguma.

Gilbert Keith Chesterton

Esperança

A esperança é algo que traz o sol às sombras das nossas vidas.
É nosso vínculo com um amanhã melhor.
Quando a esperança se vai, também se vai nossa força vital.
Enquanto a esperança permanece viva, também permanece nossa determinação de prosseguir.

Yitta Halberstam e Judith Leventhal

LIBER

"Quero deixar minha alma livre para que ela possa desfrutar todos os dons que os espíritos possuem. Quando isto for possível, não tentarei conhecer as crateras da lua, nem seguir os raios de sol até sua fonte. Não procurarei entender a beleza da estrela, ou a desolação artificial do ser humano. Quando souber como libertar minha alma, seguirei a aurora, e buscarei voltar com ela através do tempo. Quando souber libertar minha alma, mergulharei nas

DADE

correntes que deságuam num oceano onde todas as águas se cruzam, e formam a alma do mundo. Quando souber libertar minha alma, procurarei ler a esplêndida página da criação desde o princípio."

Adaptado de poema de John Muir por Paulo Coelho

IDEAIS

“O essencial é o mesmo para todos. É aquilo que não pode não ser, aquilo que dá sentido à minha vida – na dupla acepção do termo, significado e direção –, ou seja, amizade, lealdade, religiosidade, sexualidade, felicidade, fraternidade, honestidade. Precisamos de sentido para o que fazemos enquanto não morremos, para que a vida não seja vazia e desperdiçada. Difere do fundamental, que apoia o essencial, como carreira e dinheiro.”

Mario Sergio Cortella – professor e filósofo

Devemos viver nossas vidas como se todo o mundo nos pudesse ver, como se os mais secretos recantos de nossas almas estivessem expostos ao olhar alheio.

Por que haveríamos de esconder o que quer que seja?

Não se pode esconder nada de Deus.
Todo o conhecimento divino e humano pode ser resumido em uma só verdade: a de que somos membros de um imenso corpo. A natureza nos uniu em uma imensa família, e devemos viver nossas vidas unidos, ajudando uns aos outros.

Sêneca

Unidade

Presente

O passado não existe.

O futuro ainda não começou.

O presente é um ponto infinitamente pequeno no tempo, no qual o passado que já não existe encontra o futuro iminente.

Nesse ponto, que é atemporal, a verdadeira vida de uma pessoa existe.

(...)

O tempo não existe. Só existe um presente pequeno e infinito, e é só nesse presente que a vida ocorre. Portanto, as pessoas devem concentrar toda a sua força espiritual apenas nesse presente.

Leon Tolstoi

Você ganhou um novo dia para ser uma pessoa ainda melhor. O sol brilha sobre o planeta escondendo bilhões de estrelas em sua luz. Um cenário renovado desse novo tempo poderá ser visitado hoje.

Aproveite o hoje logo, antes que acabe e se transforme em ontem, quando nada mais restará a fazer.

Você pode transitar pelo passado ou se projetar para o futuro através da imaginação. No entanto, só poderá construir e deixar sua marca de valor se tiver atitude no instante presente.

O dia de hoje vai para a história com o significado que você atribuir às suas ações. E só terá significado se você realizar algo. Olhe o seu relógio e o calendário.

O que você vai deixar deste momento presente para o futuro?

O que você pode fazer hoje para registrar este dia como um dia de valor na sua história?

Persis

"*Não desista.*
Quando as coisas derem errado,
como às vezes acontece,
quando a estrada na qual você
caminha com dificuldade parece
íngreme demais,
quando as circunstâncias o
pressionam para baixo, descanse
se precisar, mas não desista, pois a
vida é cheia de idas e vindas.

ência

O sucesso é apenas o fracasso virado ao avesso, e você nunca sabe dizer quão próximo está.
Pode estar perto quando parece tão longe.
Portanto, aferre-se à luta quando receber o golpe mais duro.
Quando as coisas parecerem piores é que você não deve desistir.

Autor desconhecido

OUSA

É muito melhor ousar coisas difíceis, conquistar triunfos grandiosos, embora ameaçados de fracasso, do que se alinhar com espíritos medíocres que nem desfrutam muito nem sofrem muito, porque vivem em uma penumbra cinzenta, onde não conhecem vitória nem derrota.

Theodore Roosevelt

DIA

"O importante é não parar de questionar. A curiosidade tem sua própria razão de existir. Uma pessoa não pode deixar de se sentir reverente ao contemplar os mistérios da eternidade, da vida, da maravilhosa estrutura da realidade. Basta apenas tentar compreender um pouco mais desse mistério a cada dia.

Nunca perca uma sagrada curiosidade."

Albert Einstein

Consciência

“Seu eu pudesse deixar algum presente
a você, deixaria aceso o sentimento de
amar a vida dos seres humanos.

A consciência de aprender tudo o que foi
ensinado pelo tempo. Lembraria os erros
que foram cometidos para que não mais
se repetissem.

A capacidade de escolher novos rumos.
Deixaria para você, se pudesse,
o respeito àquilo que é indispensável.
Além do pão, o trabalho.
Além do trabalho, a ação.

E, quando tudo mais faltasse, um segredo: o de buscar no interior de si mesmo a resposta e a força para encontrar a saída. ”

Mahatma Gandhi

Prioridades

Diante de um sequestrador armado, você não tem prioridades a negociar, seus compromissos não são importantes, sua vida não é mais sua. No momento do assalto você é regido pelo interesse violento do bandido e o ambiente não é aberto ao diálogo.

Sei que muitas pessoas passaram por situações semelhantes e até piores nas cidades violentas em que vivemos.

Mas eu quero chamar a atenção para um tipo de sequestro do qual somos vítimas todos os dias, o de prioridades. Sempre há alguém empunhando uma arma invisível contra seus ouvidos para tirá-lo do seu caminho, como em um sequestro. A diferença do caso narrado é que constantemente o assaltante é uma pessoa muito próxima e, às vezes, até tem boa intenção, mas é preciso estar preparado para isso da mesma forma. Os sequestradores nesse caso não querem o seu dinheiro (às vezes também querem). Eles exigem muito mais do que isso.

Querem seu tempo.
Querem suas prioridades.
Querem suas lágrimas.
Querem suas soluções.
Querem seu colo.
Querem sua cumplicidade.
Querem sua família.
Querem sua vida.
Querem pagar as dívidas
que contraíram com os erros
deles utilizando o seu cartão
de crédito.

As armas de um sequestrador de prioridades são bastante conhecidas e utilizadas.

Você deve se lembrar das inúmeras vezes em que foi vítima dessa modalidade de assalto. Quem pratica esse tipo de crime geralmente é uma pessoa muito próxima: chefes, parceiros, clientes, sócios, amigos e também familiares, como marido, esposa, mães, pais, filhos, cunhados, genros, sogras.

Nem sempre conseguimos reconhecer o sequestro quando ele está sendo praticado. Mas, seguramente, você já sentiu essa arma apontada para você. Só não a viu fisicamente. No entanto, ela o atingiu friamente através dos seus ouvidos.

Foi quando alguém gritou a palavra "URGENTE!".

Ou as frases "É PARA ONTEM", "SEGUNDA DE MANHÃ PRECISA ESTAR PRONTO", "PRECISO DE VOCÊ AGORA", "ME AJUDA"... São os famosos pedidos de socorro com capacidade de nos paralisar para, em seguida, nos levar a outra situação que não era a prevista por nós.

Diariamente, são tantos os disparos que mudam a nossa programação pessoal, em nome de uma necessidade ou urgência alheias, que nem sempre temos clara a sua *importância*. E, o que é pior, quase nunca nos dão o direito de decidir sobre o desvio que teremos que fazer no curso natural que estabelecemos para o nosso dia.

Como reagir a esse tipo de sequestro?

A cada chamado de urgência o seu plano pessoal sofre um atraso.

Por que abandonar sua prioridade para atender a uma outra, sem ter o direito de avaliar o que de fato é mais importante?

E o pior de tudo é quando, após o sequestro "amigável", você se dá conta de que a sua prioridade pessoal era realmente importante, e que foi abandonada por uma situação banal e que poderia esperar.

Por isso, antes de se entregar a um sequestro deliberado de suas prioridades, posicione-se e, se for necessário, defenda-se colocando ordem nas coisas. Não permita que ninguém determine suas urgências, importâncias e necessidades. Para isso tenha bom claro o que é RELEVANTE. Evite que deliberadamente sequestrem, além do seu tempo, suas oportunidades, seus prazeres, sua paz de espírito e tudo o que é mais importante para a sua vida naquele momento.

É claro que você sempre pode – e deve – mudar seus planos em favor do outro, do bem comum e da humanidade. Não defendo o individualismo. Mas cuidado com os sequestradores que usam e abusam do seu altruísmo.

Não permita que a irresponsabilidade,

a desorganização e a falta de preparo dos outros, traduzidos em ansiedade, desrespeito, desespero, fraquezas tirânicas, egoísmo, falta de compromisso e coragem, criem tragédias que podem levar de você o seu bem mais precioso: o seu tempo, ou melhor, a vida que você escolheu viver.

Enfrente as solicitações externas com respeito, consideração e real interesse.

Ouça, seja sensível e solidário, mas saiba reconhecer os sequestradores de prioridades. Incompetentes, eles são viciados em transferir suas responsabilidades para quem estiver mais próximo; naturalmente, sem dó nem piedade. E mais, eles não te abandonam nunca. Sequestradores de prioridades estão sempre prontos para atacar, enquanto você permitir.

Quando você respeita o seu tempo,

suas prioridades, seu plano, o mundo à sua volta também respeita. Quando você assume a responsabilidade que não é sua, mesmo demonstrando generosidade e carinho, tira a oportunidade do outro de enfrentar suas próprias dificuldades, superá-las e crescer.

Quando você constantemente supre a deficiência de um chefe sem planejamento, trabalhando nos fins de semana, permite que ele invada a sua casa e desrespeite o seu tempo sagrado de estar com sua família.

Ao aceitar um desafio que não é nosso, muitas vezes acabamos alimentando um sistema em que ninguém encara as suas próprias limitações. Assim colaboramos para criar vidas insatisfatórias – ninguém assume seus papéis ou suas escolhas, deixando de viver plenamente suas histórias.

Para viver uma vida que vale a pena ser vivida, cada um deve ter o direito de decidir o que fazer e o que não fazer, assumindo o ônus ou o bônus resultantes.

Para viver uma vida que vale a pena, não tenha medo de dizer *não* para quem quer que seja. E, principalmente, tenha a serenidade de dizer *sim* a si mesmo.

“Para o alto e avante!”, dizia o Super-Homem a si mesmo.

Você não é um herói solitário como aqueles das histórias em quadrinhos ou do cinema.

Mas, como um super-herói, tenha uma missão, acredite na sua força, mantenha seu foco nas soluções e respostas que você precisa encontrar e nunca permita que um problema seja maior que você.

Reconheça o seu poder e enfrente os desafios sem medo.

Sua fé vai nutri-lo de confiança.

Sua disposição sincera irá ajudá-lo a superar todos os obstáculos. Você tem a força!!!

Diga *não* quando você quiser dizer *não*. Esse pode ser o maior economizador de tempo da sua vida.

A educação nos leva a sempre sermos respeitosos com todas as pessoas, independentemente do interesse que elas nos despertem. Por outro lado, precisamos ser seletivos e poupar o nosso tempo físico, mental e emocional. Ainda que isso nos leve, muitas vezes, ao preconceito e à exclusão, seja qual for a motivação, precisamos respeitar nosso querer, nossos desejos, nossa sensibilidade e intuição.

Combinar prioridades pessoais com respeito aos outros é tarefa para sábios. Afinal, as oportunidades costumam entrar sempre pela porta da frente. Mas é por essa porta que também entram ratos, baratas e toda sorte de criaturas nocivas que nada contribuem para a nossa vida, além de roubarem nossa atenção e energia.

As pessoas sempre valem a atenção que dedicamos a elas, pois cada ser humano é rico de experiências.

Ainda assim, cada um tem seu tempo e o direito de administrar sua busca pessoal pela compreensão de si mesmo e pelo entendimento do mundo à sua volta.

As pessoas com quem compartilhamos a vida devem ser escolhidas a partir de sua riqueza interior aparente ou potencial.

Gente + Gente é o ingrediente de valor concentrado que muda o mundo positivamente.

Se uma determinada conexão humana não oferece possibilidades produtivas, afetivas, intelectuais ou objetivamente comerciais, não tenha medo do *não*. Isso libera você – e o outro – para outras conexões dentro de suas afinidades, e ninguém perde tempo.

O que fazer?
O que ler?
O que assistir?
Quem encontrar?

A vida é a arte do encontro, disse o poeta Vinicius de Moraes. Programamos encontros com os mais diversos interesses, mas grande parte das situações marcantes que vivemos acontece inesperadamente.

Encontros alteram nossa trajetória, nosso destino, mas podem contribuir para o nosso bem, ou para o nosso mal.

Os encontros agendados, ou "de manutenção", são necessários para manter a rotina do romance, da amizade, dos negócios, da família, da igreja, do time, etc. Eles são importantes ainda que não estejam previstas emoções tão fortes. Quando você escolhe encontrar alguém ou está aberto para essa possibilidade, já existe a chance de um projeto humano.

E daí para a frente tudo dependerá das afinidades, da clareza de propósitos, da capacidade de olhar na mesma direção, da confiança e, principalmente, da soma das esperanças de cada um.

A cada minuto estamos escolhendo o que fazer ou não e com quem. O sábio entende logo que tudo fica mais interessante quando existe mais alguém para compartilhar o momento.

Seja seletivo

se quiser ter tempo para viver uma vida verdadeiramente sua.

Na era da informação, com os sofisticados mecanismos de marketing e propaganda anunciando milhares de coisas que você precisa ter – de produtos de higiene a MBAs, passando por carros, viagens, roupas, joias, cirurgias plásticas, spas, revistas, TVs, aparelhos tecnológicos, redes sociais, internet, cursos, cinema, eventos, livros, etc. – como encontrar tempo e condições para viver uma vida de verdade?

Dizem os gurus do consumo de informação que todo o conhecimento do mundo está sendo multiplicado a cada ano graças à tecnologia da informação. Conhecimento?

O mundo está multiplicando as coisas, os objetos, a partir do conhecimento. O conhecimento ainda tem um caminho lento para suas descobertas. Pergunte a um cientista.

As "coisas" de consumo com base na tecnologia – que produz objetos utilitários de grande complexidade para todos os fins – chegam vorazmente até nós, de um jeito entorpecedor. Infelizmente o conhecimento demanda muito mais estudo e tempo para nos alcançar. (Por isso ainda não encontramos a cura para o câncer, para a AIDS; não conhecemos suficientemente o cérebro; não há cura para lesões na coluna, diabetes e tantas outras doenças cuja cura depende ainda de muitas pesquisas.)

Produtos e mais produtos chegam todos os dias ao mercado revolucionando hábitos de consumo, oferecendo novas soluções para antigos problemas, criando novas necessidades e oferecendo facilidades para todos os fins. Eles até são bem-vindos.

Porém é conveniente separar "coisas/produtos" de "conhecimento". O avanço da ciência produz conhecimento, enquanto a tecnologia transforma esse conhecimento em produtos. Produtos úteis, é verdade. Mas não se desespere se não tiver condições de acesso a essas maravilhosas novidades que chegam a cada minuto. O conhecimento que levou até elas é acessível, desde que você esteja disposto a dedicar alguma atenção ao estudo. Claro que devemos nos atualizar constantemente sobre o mundo em que vivemos e absorver o que nos interessa, o que pode facilitar nosso dia. E então, com o tempo ganho graças às facilidades tecnológicas em nossa rotina, podemos investir em uma vida mais rica emocional, espiritual e intelectualmente. Não é?

Seria bom se fosse assim...

(Lamentavelmente, parece que está acontecendo o contrário e as pessoas estão cada vez mais atarefadas, conectadas a relações e obrigações distantes do lugar onde se encontram fisicamente, seja noite, feriado, sábado ou domingo. Rompeu-se o limite entre o trabalho, a família e o ambiente afetivo. Todos respondem o tempo todo. O que isso está produzindo de bom ou mal, ainda não se sabe ao certo. Mas uma coisa já sabemos: estamos deixando de viver o momento presente para viver cada vez mais o mundo virtual. Será que essa escolha produzirá pessoas melhores?)

Se você se interessar por toda informação produzida, não sobrará tempo para viver a própria vida. Não se deixe levar pela sensação de que está faltando alguma coisa que você precisa ter. Sempre faltará alguma coisa. Defina o que você quer evitando comparar seus desejos com os desejos dos outros. Esse é um grande passo para a serenidade.

Seja seletivo com as informações que vai consumir.

Ainda que você vivesse cinco vidas, não teria tempo de ouvir todas as músicas maravilhosas que foram criadas este ano.

Você vai ouvir o quê?

Você não teria tempo de ler todos os bons livros lançados.

Você vai ler o quê?

Você não vai ver todos os bons filmes lançados.

Você vai ver o quê?

Já que não dá para ver, ouvir, ler tudo de bom que é produzido, ao menos não jogue fora o seu tempo dando atenção ao que não vale a pena ser ouvido, lido ou assistido.

Não dê cartaz para a porcaria.

Mude de canal,
mude de escola,
mude de amigos,
mude de livros,
mude seus hábitos,
mude de marido,
mude de esposa,
mude de emprego,
mude de cidade,
mude de cliente,
mude para uma vida mais verdadeira,
mude para o que for mais produtivo,

MUDE.

Quando eu digo "produtivo" não me refiro exclusivamente a ganhos materiais, posição ou status. Tudo aquilo que faz você crescer ou traz prazer e felicidade é produtivo.

Até o ócio, o não fazer nada, pode ser produtivo. Nunca perca a oportunidade de manter assiduamente o contato íntimo com você mesmo.

Esse é o ambiente para fazer as melhores escolhas.

Não entre em conflito com toda a sua rotina e faça as pazes com as coisas que se repetem para facilitar sua vida. Só não aceite os vícios...

Vícios mentais ou manias negativas contaminam a criatividade, ocupando espaço mental e não deixando lugar para coisas boas acontecerem. Seja dono da rotina que facilita sua organização e sustentação e, principalmente, abra espaço para o que lhe dá prazer, eliminando hábitos doentios que nada produzem. Examine as coisas que causam aborrecimento, que são fontes de reclamação e conflitos, e tome uma atitude.

Você pode mudar isso?

Nem sempre a gente faz só aquilo que gosta. Precisamos também fazer o que é necessário quando não temos escolha. Por outro lado, se não é necessário e causa mais transtornos do que benefícios, dê um jeito de eliminar.

Antes de qualquer
coisa, tenha uma
conversa franca com
o espelho, olho no
olho, para ver se
não é você quem
complica tudo e vive
reclamando demais.

Antes de qualquer coisa, tenha uma conversa franca com o espelho, olho no olho, para ver se não é você quem complica tudo e vive reclamando demais.

O dia hoje está repleto de boas oportunidades, mas também de armadilhas. Não se engane, nem tudo é o que parece ser. Oportunidades e armadilhas estão sempre camufladas ou disfarçadas. Há sempre algumas cartas falsas nesse jogo das oportunidades. Existem muitos desvios disfarçados de grandes oportunidades. Considere sempre todas as possibilidades, mas, antes de qualquer decisão, use sua intuição para que suas escolhas estejam em sintonia com sua busca interior. Atente que oportunidade não é somente o que o coloca diante de algum resultado objetivo ou material. Não perca a chance de aprender, de criar espaço para conhecer alguém diferente, de ouvir conselhos, inclusive do seu filho (porque não trocar de papel de vez em quando com as crianças?). Abra espaço para revelações, novas descobertas e experiências que enriqueçam sua existência, fora do lugar-comum. É você quem deve criar as condições para que sua vida seja como você sonha.

Hoje o sol brilha sobre um mundo novo.

Viva a paz,
viva o amor,
viva de bom humor.
Intensifique sua fé,
multiplique suas ideias,
seja cuidadoso ao montar os planos

e tenha muita disposição para o trabalho.

Se tiver que matar aquele leão hoje, mate, mas observe bem para ter certeza de que não está matando o mesmo leão todos os dias. E, se possível, já deixe o leão de amanhã manco para facilitar.

Não adianta se esconder da vida.

A vida boa é a que você quer e que pode ser vivida hoje. Não perca tempo vivendo num lugar que não existe. Não existe nada além de história e marcas do que já passou. Nada será novamente o que já foi. Não fique preso ao ontem, ou fique só alguns instantes, para se inspirar, manter contato com suas experiências e, assim, evitar cometer os mesmos erros. Não deixe de manter contato com sua essência, aquele eu interior onde reside sua motivação original.

Se você tem a sensação de que as coisas não estão do jeito que deveriam estar, ou pelo menos como você gostaria que estivessem, não se desespere. Esse pode ser um bom sinal: sinal de que você não aceita a acomodação e quer ver tudo em movimento.

Você quer ir além? Então, vá.

Você é o responsável pela ação que vai criar o mundo que tem imaginado. Seu movimento para realizar o que deseja vai inspirar muitas outras pessoas a fazer o mesmo. Tenha consciência de cada passo que dá em direção ao futuro.

Saiba onde está pisando e não perca seus objetivos de vista.

Esteja preparado para os desafios. Eles sempre aparecem para testá-lo e fortalecê-lo

Quando tudo estiver muito difícil ou complicado, seja ousado.

Chame, lá do seu íntimo, a sua criança interior, e não lhe faltarão soluções criativas para vencer as maiores dificuldades.

Há uma beleza mágica e poderosa a cada manhã, chova ou faça sol. A natureza sempre foi e sempre será a grande fonte de inspiração e aprendizado.

Ela reina com suas próprias leis acima de nossa mente, desejos e necessidades, impondo sua dinâmica.

A natureza nos convida todos os dias a participar do fluxo natural para uma vida em harmonia. Ao mesmo tempo, ela nos ensina a viver em permanente mudança. Um novo mundo é criado a cada instante, e o ser humano é o único que pode escolher participar ou não dessas transformações.

Escolha participar das mudanças como um agente positivo, ou acabará sendo sempre vítima das mudanças.

Lembre-se: não decidir já é uma decisão.

Assuma uma atitude honesta em relação a si mesmo, aos outros e aos recursos da natureza. A luz deste dia quer estar integralmente com você.

Entregue-se totalmente ao que está fazendo e viva plenamente cada segundo de suas experiências. Esse é o segredo da felicidade. Uma coisa de cada vez. E com dedicação total.

Não permita que nada nem ninguém interfira nos seus planos se não for para compartilhar um valor que enriqueça seus objetivos. Coloque nas atividades em que estiver envolvido neste dia todo o conhecimento acumulado pelas experiências que você viveu e pelo que aprendeu com as experiências vividas pelos outros.

Não poupe conhecimento.

Você, que entrega ao mundo o que tem de melhor, também é merecedor do que há de melhor no mundo. Faça valer seus direitos, mas não deixe de honrar seus compromissos. Nunca.

Que maravilha é estar em sintonia com quem acredita e cultiva valores e virtudes tão antigos e, ao mesmo tempo, tão necessários.

Bom é compartilhar com outras pessoas a busca por relações, além de interesses objetivos da vida prática, do toma lá, dá cá dos negócios, das transações comerciais. Bom é não querer nada em troca nas relações e, ao mesmo tempo, ter milhares de coisas para trocar, para dar e para receber, para doar...

Evolua

Seres humanos são de uma complexidade tão rica que não podem ter suas características tratadas como produtos, imitando uma indústria que tenta empacotar sentimentos, emoções, romances, amizades. O significado de valor à vida não pode ser transferido para embalagens com código de barras e com prazo de validade.

Seja o dono da sua história, escolhendo ser, a cada dia, uma pessoa melhor. Exija isso dos outros também. Só aceite o melhor.

Assim, sua singularidade será percebida, respeitada e resistirá às mudanças, aos modismos e ao passar dos anos. Não negocie seus princípios e construa uma vida de valor da qual você não tenha do que se arrepender.

Este poderá ser um dia marcante na sua história se você quiser e, principalmente, se fizer acontecer.

Cada dia de sua vida é especial e marcante, especialmente se você não abre mão da definição do próprio roteiro para cada uma das 24 horas disponíveis para esse capítulo.

Ainda que terremotos e tsunamis emocionais tentem atingi-lo de vez em quando, é você quem reagirá para evitar que a tragédia se instale e o arraste com tudo o que você construiu.

Quem tem um argumento de valor para desenvolver um bom roteiro certamente se recuperará para a próxima cena e alcançará um final feliz.

E será justamente ao enfrentar grandes desafios e situações difíceis que se revelará a firmeza do seu caráter. Todas as virtudes que aprendeu e desenvolveu serão as bases mais seguras para vencer os obstáculos. Acredite na sua força e não desista nunca de ser você mesmo.

Tudo muda o tempo todo. A única coisa permanente no mundo é a mudança.

Seja você o líder das suas mudanças. Tenha consciência das circunstâncias e do mundo à sua volta e invista em melhorias contínuas na sua vida.

Evolua a partir de sua própria motivação e crie o ambiente que você deseja habitar. Essa é uma meta que deve ser permanente em sua vida e que sempre valerá a pena.

Se você se comprometer com esse objetivo, com coração, cabeça e alma, tudo vai dar certo, a qualquer tempo.

E se, numa dessas viradas, algum obstáculo com jeito de intransponível aparecer no seu caminho, não desista, simplesmente mantenha o foco.

Obstáculos não existem para criar bloqueios, mas para fortalecê-lo.

A sabedoria chinesa lembra:

"A pipa não sobe sem a oposição do vento."

Carpe Diem

Nada melhor do que um dia após o outro e a renovação de todo potencial humano. Cada manhã traz consigo incontáveis possibilidades de acerto de contas com o passado, de fazer o presente valer, e ainda sobra tempo para criar uma poupança para o futuro.

Você tem sonhado com o lugar aonde quer chegar ou estar?

Tem sonhado ser a pessoa que gostaria de ser?

Mãos à obra!

Ou melhor, mãos, pés, coração e mente à obra, pensamentos e movimentos alinhados para conduzi-lo ao futuro que chega todos os dias a uma velocidade de 60 segundos por minuto, sem negociação para esperar, oferecendo a chance para a realização dos seus planos no tempo presente. Ou você embarca sonhos e ações nesse tempo, ou perde tudo, sem direito a reposição. Você deve estar preparado para tudo, mas saiba que a vida não tem ensaio. Cada cena em que você atua é pra valer. Siga as luzes... os deuses do Universo estão filmando...

O que você vai fazer hoje para enriquecer a sua vida?

Começar?

Recomeçar?

Continuar?

O dia de hoje pode se transformar em um marco para sua nova vida caso você conclua que até agora não vem fazendo a coisa certa.

Ninguém adivinha os acasos do futuro, mas ele é previsível. O seu futuro será determinado pela qualidade das escolhas que fizer agora.

O seu futuro está no próximo minuto, na próxima hora. Não perca tempo contando dia após dia as glórias do passado ou pedindo desculpas e oferecendo justificativas que ninguém mais quer ouvir para as escolhas erradas que fez. Ainda que o passado seja uma herança vinculada à sua história, uma herança boa ou má, não importa: a partir de hoje tudo poderá ser diferente.

Hoje você pode criar uma nova condição para a renovação ou reinvenção de si mesmo. Imprima nas suas atitudes de hoje o significado que você quer para a sua vida de amanhã. Plante a semente daquilo que você quer colher.

Use sua bola de cristal particular e

imaginária como uma tela e projete nela o seu futuro, deixando de fora as tragédias previsíveis e os sentimentos ruins que podem contaminar a sua visão.

Já que é para imaginar, imagine situações boas que você quer viver. Depois de imaginar e fixar bem essas imagens em sua mente, entre em ação e comece a produzir o futuro idealizado, estabelecendo um plano.

Use todo o seu potencial, seus dons, sua inteligência, seus sentidos para irrigar seus planos e transformar o que você imaginou em realidade.

Determine um tempo dentro da sua rotina estabelecida para fertilizar o campo dos seus sonhos, plantar o futuro e colher o presente.

Um novo

Anime-se com o que seus sentidos podem perceber desse grande evento. Não importa a hora que marca o seu relógio.

É hora de despertar a consciência para um novo tempo. O tempo de realizar o seu sucesso no trabalho, nos estudos, no amor, com a família, os amigos, a comunidade, enfim, com as pessoas do seu mundo.

Não tenha pressa, e muito cuidado com os métodos e estratégias que você vai utilizar para alcançar o sucesso.

dia

Lembre-se, sempre, de que não vale fazer sucesso só com os amigos. Não seja o máximo apenas profissionalmente.

Se você quer ser percebido como uma pessoa de valor, brilhe em todos os papéis que você assumiu.

Brilhe como mãe, pai, filho, amigo, profissional, marido, esposa, namorada, chefe, patrão, auxiliar...

Esteja onde estiver, brilhe com a força do seu caráter e da sua integridade. E não permita que nada nem ninguém ofusque o brilho de suas virtudes...

Hoje pode ser o dia ideal para mudar, mexer ou mesmo para deixar como está a vida que está vivendo.

Depende exclusivamente de você. Além de cuidar da aparência, essa embalagem que o esconde ou protege do mundo, como você vai se apresentar para o mundo neste novo dia?

O que pretende fazer?

O que vai fazer de diferente?

O que não vale a pena continuar a fazer?

Um novo dia oferece novas perspectivas.

Invista na sua capacidade criativa e, se entender que precisa embarcar na onda da reciclagem, invente até mesmo um novo você, se o atual não está causando muitos efeitos positivos.

Cada novo dia é uma oportunidade para começar algo novo ou recomeçar um projeto de um jeito melhor.

É também a oportunidade para colocar um ponto final em alguma coisa que não tem mais razão de continuar.

É você quem decide.

Você é o grande determinador do seu destino e de seu futuro.

Não importa em que fase da vida você está, em que estágio o seu projeto de vida se encontra, em que ponto você parou ou se desviou da rota programada.

O que importa é que hoje você pode ajustar a sua bússola e, com a consciência e a disposição de um navegador, retomar a direção dos seus sonhos abandonados. Não importa quão distante possa estar o porto.

Valerá a pena navegar no pior dos mares por um sonho. Se não der para fazer muito hoje, faça pelo menos um pouco. E determine o quanto vai avançar a cada manhã. Só não abandone a rota que conduzirá ao seu porto.
E cuide muito bem do barco...

O seu contrato com a vida se renova mais uma vez para o dia de hoje.

Agradeça.

Pelo coração que bate, pelo que pode ver e ouvir, por sentir e pensar. Sinta-se bem em fazer parte do milagre da raça humana. Você já é um sucesso absoluto como espécie. E pode ser um sucesso também individualmente.

Hoje será mais um dia para resistir, trabalhar e fazer a sua parte para a construção de um mundo melhor. Você, com suas condições e meios, tem a chance de mostrar suas intenções e, principalmente, se fazer perceber por suas ações. Você, do seu jeito, acrescenta algo novo e bom ao Universo e enriquece a humanidade.

Há quem pode muito, quem pode pouco, quem acha que nada pode. Mas entenda que pequenos movimentos na direção do bem provocam grandes transformações em cadeia. O mundo quer e precisa da sua contribuição. Torne tudo melhor perto de você.

Se algo desagradável não pode ser mudado, mude sua perspectiva.

Não acumule rancor por aquilo que não pode ser mudado. Ao mesmo tempo, não se acovarde diante de decisões e atitudes que só você pode tomar.

Que tal olhar para dentro de si e visitar o seu mundo interior?

De vez em quando observe-se calmamente. Observe suas emoções, suas memórias, seus pensamentos. Inspire-se para o novo dia com as boas imagens que você guarda dos anos vividos e das experiências positivas e transformadoras que moldaram seu caráter.

Não há problema algum em visitar o seu arquivo, ou o seu velho baú, se for para buscar a inspiração para alimentar o dia presente. Atenha-se ao que de mais precioso aconteceu e ao que mais valeu a pena ter vivido. Um momento, um amor e... você. Uma época e... você. Um toque e... você. Um amigo e... você. Pessoas, mestres, situações, delicadezas, preciosidades...

Momentos, pessoas, amigos, amores, caminhos, lugares, palavras, imagens, sons: você é resultado de tudo o que passou e de tudo o que aprendeu. Sua identidade vem se esculpindo pelo tempo e pelas histórias vividas.

E você será feliz hoje se o sonho de infância estiver vivo na sua mente. Deixe sua criança brincar no tempo presente, não importa a sua idade. E permita que ela predomine na sua história.

Alegre-se com a manhã, a tarde, a noite ou a madrugada, em todos os seus detalhes, sensações e mistérios.

Esteja atento para o espetáculo que a vida apresenta em sessões ininterruptas, em um palco perto de você.

Emoções nascerão com o canto dos pássaros, o sussurrar delicado do vento chacoalhando árvores e flores ou assoviando pela fresta da janela. Emoções se multiplicam continuamente diante do olhar mais atento e aguçado.

Os seus sentidos formam uma grande porta de entrada para perceber esse universo complexo e bonito que compõe o cenário para a sua história.

Mas, além de manter sua antena ligada para captar tudo de bom que estiver no ar, não esqueça de emitir os seus bons sinais e contagiar o mundo com a sua graça.

Faça com que cada pessoa que tiver a chance de estar com você neste dia viva uma experiência positiva com esse contato.

Saiba entender e facilitar as propostas de mudança que não vêm de você mas podem ter bons objetivos e melhorar a sua vida.

Não crie resistência antes de conhecer uma proposta de mudança só porque isso mexerá com você. Se encontrar um líder inspirado e de bons propósitos, por que não segui-lo? Por mais insegurança que as mudanças possam trazer, às vezes elas também podem significar evolução, mesmo que não partam de você.

Hoje você tem a oportunidade de usar sua inteligência e seus talentos para romper limites e se superar. Não esqueça que o maior desafio é vencer a si mesmo.

Um novo dia é o cenário de todos os seus atos.

Esteja à altura deste evento espetacular que é a vida a cada manhã.

Concentre-se no milagre que a sua existência representa e agradeça: pelo ar que respira, pela velocidade do sangue que corre em suas veias e pelo coração que bate magicamente sem estar ligado a nenhuma fonte de energia externa.

Agradeça pela rapidez do seu cérebro em processar tantas informações captadas a cada milésimo de segundo, e de tantas formas diferentes.

Mas principalmente agradeça pela maneira como você cria ideias e sonhos novos a cada segundo com sua capacidade simbólica de inventar o que ainda não existe.

Você é o grande protagonista no espetáculo da vida que estreia hoje. Faça uma grande apresentação, pois ninguém sabe se ainda participará do espetáculo de amanhã.

3 ideias 3 caminhos 3 regras

Três coisas devem ser apreciadas:

A cordialidade,

a bondade

e o bom humor.

Três devem ser cultivadas:

A verdade,

o engenho

e a conformação.

Três devem ser governadas:
A língua,
a conduta
e o caráter.

Três devem ser imitadas:
O trabalho,
a constância
e a lealdade.

Três devem ser defendidas:
A honra,
a pátria
e os amigos.

Sabedoria chinesa

As três peneiras de Sócrates

(utilize a regra das três peneiras quando for falar ou ouvir sobre alguém que não esteja presente)

A primeira peneira é a da

verdade.

O que você quer contar é um fato? Caso tenha apenas ouvido falar, a coisa deve morrer por aí mesmo.

Mas suponhamos então que seja verdade. Deve agora passar pela segunda peneira, a da

bondade.

O que você vai contar é coisa boa? Ajuda a construir ou destruir a reputação da pessoa sobre a qual você vai falar?

Se o que você vai contar é verdade, e coisa boa, deve passar ainda pela terceira peneira, a da

necessidade.

Convém contar? Resolve alguma coisa? Ajuda a comunidade? Pode melhorar algo? Se passar pelas três peneiras, conte! Caso contrário, esqueça e enterre o assunto. Será uma fofoca a menos para envenenar o ambiente e fomentar a discórdia.

Devemos ser sempre a estação terminal de qualquer comentário infeliz!

Pode-se alcançar a sabedoria por três caminhos:

O primeiro caminho é o da

meditação.

Esse é o mais nobre deles.

O segundo caminho é o da

imitação.

Esse é o mais fácil e o menos satisfatório.

Em terceiro lugar, existe o caminho da

experiência.

Esse é o caminho mais difícil.

Confúcio

O ensinamento fundamental de Buda e a doutrina das

três nobres verdades:

- o sofrimento existe;
- o sofrimento tem causa;
- há como acabar com o sofrimento.

O que está implícito nesse ensinamento é o princípio universal da causalidade. O que ganha importância aqui é uma conscientização autêntica dos nossos próprios potenciais e da necessidade de utilizá-los em sua plenitude. A partir dessa perspectiva, todo ato humano passa a ser significativo.

Dalai-Lama citando ensinamento de Buda

PARERGA E PARALIPOMENA

Última obra do filósofo alemão Arthur Schopenhauer (1788-1860), *Parerga e Paralipomena* fala sobre a sabedoria de viver. Nessa obra, ele relaciona ideias e anotações sobre a base do conhecimento filosófico até então. Foi publicada pela primeira vez no final de 1851, convertendo-se, em pouco tempo, no primeiro livro deste autor que teve autêntica repercussão, o que fez de Schopenhauer o filósofo da moda na época, fama que na maior parte da vida ele não teve. Bem no final dessa obra ele destaca "a sabedoria da vida", quando subdivide os bens da existência em três categorias:

1. a personalidade (o que você é)
2. a propriedade (o que você tem)
3. a posição (como você é percebido)

O filósofo sustenta que o que mais contribui para a sua felicidade é "o que você é", em comparação ao que venha a possuir e, até mesmo, ao que venha a representar, circunstancialmente, na avaliação dos outros.

(Talvez, se ele vivesse nos dias de hoje, em que a mídia de massa e as redes sociais produzem celebridades ou personalidades que só precisam parecer alguém – antes mesmo de tentar ser alguém –, ficasse chocado e diagnosticasse nosso tempo como o de uma sociedade de pessoas doentes, mais interessadas em parecer do que ser.)

PERSONALIDADE

Esse é o seu maior patrimônio.

Um bem natural, inalienável, que não pode ser afetado pela inconstância da sorte, pois você jamais deixa de ser quem é. Mesmo se perder todos os bens que possui, e até mesmo se perder os amigos, o emprego, o cargo, ou seja, seu prestígio social, nada pode afetar o seu caráter e as qualidades que são inerentes à sua personalidade.

Schopenhauer vê a existência como o palco de um teatro, em que cada um desempenha seu papel. Presidente, chefe, gerente, policial, estudante, cantor, enfim, cada um vestindo o seu personagem, com variantes de posição aparentes, porque no fundo são todos iguais, não passando de atores vivendo quedas e ascensões.

Os acontecimentos atuam indiretamente sobre cada um e percutem de maneira diversa, dependendo da concepção do mundo e de como cada um sente seu impacto.

1. O que uma pessoa é.

Sua personalidade no sentido mais amplo, categoria em que podemos incluir saúde, força, beleza, temperamento, caráter moral, inteligência, educação.

2. O que uma pessoa tem.

Propriedades e posses em geral.

3. Sua reputação.

Como é aos olhos dos outros ou como é percebido. Sob que lentes é examinado.

Aristóteles, o filósofo grego, também facilita e divide as bênçãos da vida em três classes:

1. as que vêm de fora;
2. as da alma;
3. as do corpo.

Platão também sugere uma reflexão para o autoconhecimento e define a identidade a partir de três perspectivas:

1. Você é...
o que é.

2. Você é...
o que pensa que é.

3. Você é...
o que os outros pensam que você é.

Penso que o ideal é você tentar aproximar essas três percepções. Quem sabe você evita, assim, conflitos externos. Mas, se estiver mesmo seguro de si, tente aproximar a primeira da segunda observação para encontrar o equilíbrio. Agora, se nestes tempos midiáticos você precisa se alinhar unicamente à percepção dos outros, prepare-se para ser famoso ao mesmo tempo que, perante o espelho, não é ninguém.

O maior valor está em VOCÊ

O filósofo antigo Metrodorus, discípulo de Epicuro, também destaca que o valor maior de uma pessoa está em quem ela é.

A felicidade que recebemos de nós mesmos é maior do que a que obtemos de nossas circunstâncias.

Do que você é feito?
Qual a sua constituição interna?

A resposta a essa questão levará você à fonte imediata de satisfação ou insatisfação interior.

O significado da vida é revelado àqueles que estão prontos para aceitar as coisas que serão reveladas.

1. Quem sou eu?
2. O que devo fazer?
3. Em que devo acreditar e a que devo aspirar?

Toda a filosofia está nessas indagações, disse o filósofo Lichtenberg.

Porém, entre todas essas perguntas, a mais importante é a que está no centro.

Se souber o que deve fazer, você irá compreender tudo o que deve saber.

Três certezas

De tudo ficaram três coisas:

a certeza
de que ele estava sempre começando,

a certeza
de que era preciso continuar e

a certeza
de que seria interrompido
antes de terminar.

Fazer da interrupção um caminho novo.
Fazer da queda um passo de dança,
do medo uma escada,
do sonho uma ponte,
da procura um encontro.

Fernando Sabino
trecho de O Encontro Marcado
(Editora Record, Rio de Janeiro)

Tudo passa (IRINEU TOLEDO)

Todo dia você acorda
para construir a sua história.
Encara seu passado,
suas dívidas, suas dúvidas e
suas glórias.
Tem sucesso ou fracasso,
alegrias e tristezas.
Faz as contas...
O que ganhou, o que perdeu.
Quanto amou, quanto sofreu.
Quanto deu, quanto recebeu.
O que guardou, o que aprendeu.
O que sabe e no que acredita.
Muitos sonhos, muita fé, muita
esperança.
Tantos planos...
O que fazer?
Por que fazer?
Como fazer?
Para onde ir?
Com quem andar?
Aonde quer chegar?
E depois?

Nada permanece
o tempo todo.
Tudo passa.
Tudo vai passar.
Tudo vai mudar.
Tudo muda.
Nada fica como está.

Do que você sente orgulho?
Dinheiro, poder, fama?
(Vai passar.)
Com o que você se preocupa?
Dívidas, desencontros,
desamor?
(Vai passar.)
O que você tem?
Saúde, beleza, juventude?
(Vai passar.)
O que você sente?
Alegria, tristeza?
(Vai passar.)
Vitória, derrota?
(Vai passar.)
Euforia, frustração?
(Vai passar.)
Sucesso, fracasso?
(Vai passar.)

Para o caminho da vida não
inventaram GPS.
Cuidado com os atalhos,
atenção para os sinais.
Este caminho não tem volta
e o destino não é o ponto de
chegada.
A vida é o que você faz na
caminhada.
Por isso não se esqueça de um
detalhe:
na subida ou na descida, você
vai pisar os degraus da mesma
escada.

Respeite o tempo, não importa
a sua idade.
A vida é generosa para quem
se entrega de verdade.
O tempo corre igual para o
pobre e para o rico, para o
saudável e para o aflito, para o
feio e para o bonito.
Um dia sua conta vai fechar e
que legado você deixará?
Se sonhou e nada fez,
não valeu.
Nem para você, nem
para ninguém.

Vou lhe dar mais um conselho,
não me leve a mal.
Você tem tudo o que quer, do
bom e do melhor, muito mais
do que precisa.
Dinheiro, beleza, saúde, amor
e companhia.
Não se negue a ajudar os
outros.
Olhe para o lado, olhe para
baixo, seja solidário.
Abra o coração,
estenda a mão,
essa pode ser a sua salvação.

Nada permanece
o tempo todo.
Tudo passa.
Tudo vai passar.
Tudo vai mudar.
Tudo muda.
Nada fica como está.

Fontes

Não há nada inédito neste livro. Tudo o que foi escrito chegou até mim através de muitas fontes, que nem lembro exatamente quais são. É impossível citar todas. Ainda assim vou tentar para que fique bem clara a falta de originalidade do que apresentei aqui. O que não significa que não seja altamente verdadeiro e de minha total convicção, tanto que tento incorporar à minha vida. Serviram de base para cada palavra aqui escrita o que li, ouvi, senti e vivi, chorando, sofrendo, rindo, festejando, amando e, sinceramente, até odiando. Meu sinceros agradecimentos a todos que facilitaram as coisas para mim e continuam facilitando, pelo que foram, fizeram ou disseram. Por me mostrarem o que não conseguia ver. Por me tolerarem quando não conseguia entender. Por me compreenderem nas muitas limitações que tenho. Pelo que me ensinam todos os dia por meio do afeto, do intelecto e do espírito. Estas páginas querem também confirmar que estou tentando todos os dias ser uma pessoa melhor, graças ao que venho aprendendo com tanta gente de bem. E como comunicador que sou, me aproprio de tantas boas referências que se instalaram em mim. Sob essa influência, cumpro minha missão de espalhar boas palavras aos quatro ventos. Seja pelo rádio, pela internet, por palestras ou pelas páginas deste livro.

João, Eulália, Jesus, Sócrates, Marcia, Mario, Ronam, José, Maomé, Alfredo, Isidro, Chico Buarque, Platão, Carlos, Fernão, Renata, Edinho, Sêneca, Viviani, Alexandre, Roseli, Ezequiel, Hélio, Kivitz, Luciano, Daniel, Thiago, Disney, Lennon, Angelo, Caetano, Ana, Luiz, Tejon, Cerbasi, Rodrigo, Fromm, Cortela, Rubens, Salomão, Raul Seixas, Dorival, Mônica, Bob Dylan, Anderson, Evaldo, Eduardo, Fellini, Vinicius, Fidel, Che Guevara, Roberta, Edson, Samuel, Natalino, Magali, Roberto, Freud,

KK, Celia, Pitágoras, Anselmo, Claudio, César, Iramar, Paulo Gaudêncio, Maher, Ernesto, Valvênio, Heródoto, Gilberto Gil, Silvio, Gabriel, José Luis, Tereza, Einstein, Ruy, Paulo, Epicuro, Spinoza, Mario, Adalberto, Marinho, Leonardo, Zezé, Manoel, Ferreira, Jô, Beto, Clara, Sandra, Sonia, Cristovão, Isabel, José Carlos, James Dean, Erasmo, José Maria, Wanderley, Margarida, Camila, Eli, Cioran, Lourdes, Ermínia, Kant, Sonia, Leila, Aristóteles, Joséfa, Bartolo, Elaine, Maria, Getúlio, Humberto, Julio, Maurício, Chet Baker, Macedo, Carmem, Noêmia, Noel, Lutero, Richard Bach, Freire, Matheus, Jorge, Anísio, Chaplin, Clapton, Vivaldi, Cartola, João, Caco, Cissa, Romangnoli, Serginho Leite, Marlon, Mesquita, Agostinho, Isaac Newton, Danton, Roberto Carlos, Vandré, Mauro, Vinicius de Moraes, Solange, Deusa, Gislaine, Ricardo, Robertinho, David, Dimas, Marcio, Milton, Luther King, Hendrix, Patativa do Assaré, Luiz Gonzaga, Ramos, Hemingway, Schopenhauer, Conti, Gabeira, Prestes, Mandela, Raquel, Alberto... Tantos nomes que nem consigo citar todos. E tantos outros que nem sei os nomes... Que perdoem todos os não citados...

Irineu Toledo

Créditos das imagens

p. 2 e 24: tuja66 / iStockphoto
p. 6: Renee Keith / iStockphoto
p. 8: kryczka / iStockphoto
p. 10: Ines Koleva / iStockphoto
p. 12: Brian Pamphilon / iStockphoto
p. 16: Antagain / iStockphoto, alxpin / iStockphoto
p. 18 e 19: kyoshino / iStockphoto, stockcam / iStockphoto, Daniya Melnikova / iStockphoto
p. 20: Skip O'Donnell / iStockphoto
p. 22: Anne Bæk Pedersen / iStockphoto
p. 26 e 29: iSci / iStockphoto
p. 30 e 138: Vernon Wiley / iStockphoto
p. 40: sidsnapper / iStockphoto
p. 44: iLexx / iStockphoto
p. 48: Sergiy Trofimov / iStockphoto
p. 50: William Casey / Shutterstock
p. 53: MBI_Images / iStockphoto
p. 56: Cheryl Casey / Shutterstock, Mikael Damkier / Shutterstock, Dmitriy Shironosov / Shutterstock, Golden Pixels LLC / Shutterstock, Levichev Dmitry / Shutterstock, Katrina Brown / Shutterstock, Jeff Thrower / Shutterstock
p. 58: Petre Milevski / iStockphoto
p. 61: Mariya Bibikova / iStockphoto
p. 62: Stocksnapper / Shutterstock
p. 64: Petrus Pietila / Shutterstock
p. 72: franckreporter / iStockphoto
p. 83: Amir Bajrich / Shutterstock
p. 89: Kris Hanke / iStockphoto
p. 91: Gregory Johnston / Shutterstock
p. 93: High Impact Photography / iStockphoto
p. 95: Warren Goldswain / Shutterstock
p. 103: pornvit_v / Shutterstock
p. 106: Frolov Sergey / iStockphoto
p. 108: Eva Serrabassa / iStockphoto
p. 110: Fernando Alonso Herrero / iStockphoto
p. 112 e 150: littleclie / iStockphoto
p. 114: imageZebra / Shutterstock
p. 116: Cindy Singleton / iStockphoto
p. 119: CGinspiration / iStockphoto
p. 120: Jordan McCullough / iStockphoto
p. 123: Mark Wragg / iStockphoto
p. 124: 4X-image / iStockphoto
p. 126: Somsak Sudthangtum / iStockphoto
p. 131: Creativeye99 / iStockphoto
p. 135: Valua Vitaly / Shutterstock
p. 141: olly / Shutterstock
p. 152: vm / iStockphoto
p. 154: NatUlrich / Shutterstock
p. 157: TrotzOlga / Shutterstock

CONHEÇA OS CLÁSSICOS DA EDITORA SEXTANTE

1.000 lugares para conhecer antes de morrer, de Patricia Schultz

A História – A Bíblia contada como uma só história do começo ao fim, de The Zondervan Corporation

A última grande lição, de Mitch Albom

Conversando com os espíritos e *Espíritos entre nós*, de James Van Praagh

Desvendando os segredos da linguagem corporal e *Por que os homens fazem sexo e as mulheres fazem amor?*, de Allan e Barbara Pease

Enquanto o amor não vem, de Iyanla Vanzant

Faça o que tem de ser feito, de Bob Nelson

Fora de série – Outliers, de Malcolm Gladwell

Jesus, o maior psicólogo que já existiu, de Mark W. Baker

Mantenha o seu cérebro vivo, de Laurence Katz e Manning Rubin

Mil dias em Veneza, de Marlena de Blasi

Muitas vidas, muitos mestres, de Brian Weiss

Não tenha medo de ser chefe, de Bruce Tulgan

Nunca desista de seus sonhos e *Pais brilhantes, professores fascinantes*, de Augusto Cury

O monge e o executivo, de James C. Hunter

O Poder do Agora, de Eckhart Tolle

O que toda mulher inteligente deve saber, de Steven Carter e Julia Sokol

Os segredos da mente milionária, de T. Harv Ecker

Por que os homens amam as mulheres poderosas?, de Sherry Argov

Salomão, o homem mais rico que já existiu, de Steven K. Scott

Transformando suor em ouro, de Bernardinho

INFORMAÇÕES SOBRE OS PRÓXIMOS LANÇAMENTOS

Para saber mais sobre os títulos e autores
da EDITORA SEXTANTE,
visite o site www.sextante.com.br
ou siga @sextante no Twitter.
Além de informações sobre os próximos lançamentos,
você terá acesso a conteúdos exclusivos e poderá
participar de promoções e sorteios.

Se quiser receber informações por e-mail,
basta cadastrar-se diretamente no nosso site.

Para enviar seus comentários sobre este livro,
escreva para atendimento@esextante.com.br
ou mande uma mensagem para @sextante no Twitter.

EDITORA SEXTANTE
Rua Voluntários da Pátria, 45 / 1.404 – Botafogo
Rio de Janeiro – RJ – 22270-000 – Brasil
Telefone: (21) 2538-4100 – Fax: (21) 2286-9244
E-mail: atendimento@esextante.com.br